Reencontro

Dados Internacionais de Catalogação na Publicação (CIP)
(Câmara Brasileira do Livro, SP, Brasil)

Kusminsky, Denise
  Reencontro / Denise Kusminsky. – São Paulo : Ágora, 2013.

  ISBN 978-85-7183-113-1

  1. Histórias de vida 2. Kusminsky, Denise 3. Literatura brasileira 4. Memórias I. Título.

12-15286   CDD-869.93

Índice para catálogo sistemático:
1. Histórias de vida : Literatura brasileira 869.93

Compre em lugar de fotocopiar.
Cada real que você dá por um livro recompensa seus autores
e os convida a produzir mais sobre o tema;
incentiva seus editores a encomendar, traduzir e publicar
outras obras sobre o assunto;
e paga aos livreiros por estocar e levar até você livros
para a sua informação e o seu entretenimento.
Cada real que você dá pela fotocópia não autorizada de um livro
financia o crime
e ajuda a matar a produção intelectual de seu país.

Reencontro
Denise Kusminsky

REENCONTRO
Copyright © 2013 by Denise Kusminsky
Direitos desta edição reservados por Summus Editorial

Editora executiva: **Soraia Bini Cury**
Editora assistente: **Salete Del Guerra**
Capa: **Buono Disegno**
Imagem de capa: **Alterfalter/Shutterstock**
Projeto gráfico e diagramação: **Crayon Editorial**
Impressão: **Sumago Gráfica Editorial**

Editora Ágora
Departamento editorial
Rua Itapicuru, 613 – 7º andar
05006-000 – São Paulo – SP
Fone: (11) 3872-3322
Fax: (11) 3872-7476
http://www.editoraagora.com.br
e-mail: agora@editoraagora.com.br

Atendimento ao consumidor
Summus Editorial
Fone: (11) 3865-9890

Vendas por atacado
Fone: (11) 3873-8638
Fax: (11) 3873-7085
e-mail: vendas@summus.com.br

Impresso no Brasil

Nem sempre é feito o que deveria ter sido feito, e sim o que foi possível fazer naquele momento de vida.

CÂNDIDA MORALES BOEMEKE

Depois do que aconteceu, nunca mais seria possível ser completamente feliz, ter momentos felizes.

Tal qual no judaísmo, a cada alegria que se comemora se lembra a destruição do Templo. Por isso em cerimônias festivas de casamento o noivo sempre quebra o copo.

Não há alegria completa sem lembrar a tristeza da escolha do que foi possível ser feito.

DENISE KUSMINSKY

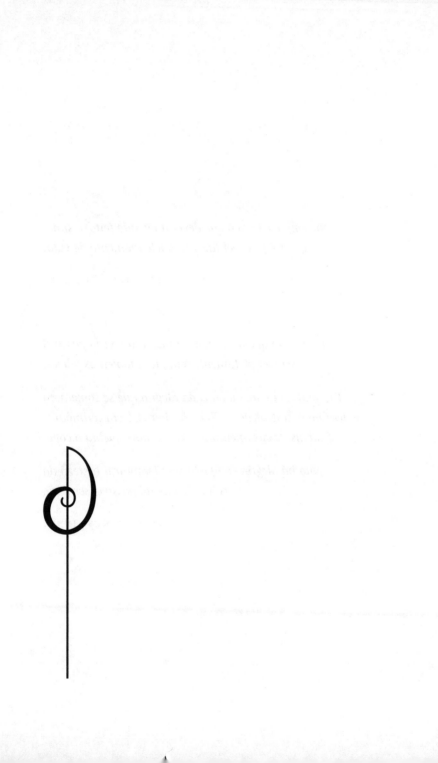

Durante muito tempo, passei procurando um filho pela vida. Observava relações de mães e filhos e, com essa procura, registrei momentos de muita sintonia.

Fiquei fixada em crianças, mães, pessoas que trocam carinhos entre si. Isso é uma dádiva!

Nas próximas páginas, estarão fotos que captei através de meu olhar, algumas imagens que traduzem essa emoção.

Minha homenagem a todas as mães que tiveram a alegria de ter seus filhos ao lado e de tê-los visto crescer.

Meus sinceros agradecimentos a todas aquelas que foram solidárias com minha história e aceitaram estar comigo neste projeto de vida.

Foi muito prazeroso fotografar seus momentos de afeto, seus olhares de amor.

Vocês e seus filhos são muito especiais – mães e filhos, um vínculo que vai além da eternidade.

1

Naquele dia inesquecível, só me lembro de mim num avental verde, estendida na maca e prestes a ser anestesiada para não ver nem sentir nada do que ia se passar.

Procurei um olhar, uma mão amiga, mas não havia ninguém para me apoiar. Então abracei carinhosamente minha barriga, como que me despedindo. Depois rezei profundamente e fui sendo desligada da realidade.

Daí para a frente a sensação era de que eu estava no fundo do mar, envolvida por uma névoa estranha, numa escuridão crescente.

Foi quando um choro de criança me despertou. Era um choro alto, forte, mais forte do que todas as anestesias que me injetaram. Consegui ouvir um bebê chorando, mas não percebia exatamente o que estava se passando.

Desesperada, acabei gritando, perguntando de quem era aquele choro, mas ninguém me respondeu. Eu tentava vir à tona da névoa em que mergulhara, entrar em contato com aquele som, mas ele me parecia vir de longe, muito longe.

Eu tentava dar braçadas na névoa, nadar na direção daquela criança, alcançá-la, quando me anestesiaram outra vez e outra vez voltei para o fundo do meu mar inconsciente, onde os sons da terra mal chegam.

Acordei tremendo de frio e tristeza, nem sabendo por onde recomeçar.

Meu pai já estava ao meu lado e minha mãe à minha frente, tristes, sem palavras.

Naquele momento percebi que nunca mais seríamos totalmente felizes.

Por toda minha vida eu haveria de levar a lembrança daquele dia, 7 de setembro de 1975, o primeiro dia do ano-novo judaico. Por anos e anos, era só fechar os olhos para ouvir de novo aquele choro e de novo reviver o desespero daquele instante. Quantas noites acordei em prantos, ouvindo aquele choro de recém-nascido?

Um choro forte mostrando ao mundo que havia chegado... E a partir de então não haveria um dia em que eu não pensaria nela, ou nele...

Foi uma marca que passei a carregar. Ficou tão impregnada em mim que não há vento que apague, remédio que cure. Era, eu sabia, uma cicatriz eterna. Quem pode esquecer o momento em que está dando à luz uma criança? Na ocasião, fiz o que pude para que ela pudesse pelo menos viver e ver a luz do sol.

A época é que não ajudava. A verdade, a triste verdade, é que, no contexto social e familiar do século passado, eu não poderia, com 18 anos, criar sozinha aquele filho. Tê-lo e renunciar a ele se apresentou, nas circunstâncias, minha única opção. Quem já se sentiu pequeno diante do destino entende isso.

E tudo foi feito da melhor forma possível, clinicamente. Só que, (in)felizmente, para as feridas do coração ainda não inventaram anestesia geral.

Hoje é tudo bem diferente – do contexto atual até eu mesma.

Época da repressão, da ditadura, não tínhamos liberdade de expressão nem de pensamento.

Sexo era tabu.

Agora estamos em outro mundo, outro século, outra forma de vida.

Mesmo assim, deixo aqui meu testemunho, pois o que há nele sobre a força da fé e o poder da oração pode servir para todas as situações, em todas as épocas.

Denise Kusminsky

2

Nasci no bairro de Santana, Zona Norte de São Paulo. Da minha infância guardo a lembrança de um pequeno quintal onde gostava de deitar numa rede e ficar observando o céu, as formas das nuvens, que às vezes pareciam gente, às vezes bichos. Minha primeira experiência de que, na vida, muita coisa depende do jeito de conduzirmos o olhar.

Meu pai era dentista e, como tinha o consultório em casa, ajudava minha mãe a criar os filhos. Minha mãe era professora e meu irmão menor, o companheiro de brincadeiras. Não saímos muito de casa, as ruas do bairro não eram confiáveis. A distância em relação ao resto da família, tios e primos, era enorme. Parecia que a gente morava em outra cidade. Não tínhamos telefone, a televisão era em preto e branco e os poucos programas que víamos eram *Papai sabe tudo* e *Rintintim*. Toda a família assistia junta, em pijamas de flanela que minha mãe mesmo costurava para nós.

Gostava de acordar cedo no domingo e ler contos de fadas de uma coleção que ganhei dos meus pais. No dia em que nasci uma revista anunciava: "Denise seria agora uma grande princesa". Foi isso que inspirou meus pais a me homenagear com esse nome, Denise. Foi assim que, como toda menina, pensei que podia me tornar uma princesa no meu próprio conto de fadas...

Minha maior diversão era passear em Santos (litoral de São Paulo), onde minha querida avó Clara tinha apartamento. Passava as férias escolares lá e adorava brincar na beira do mar. O mar sempre me atraiu demais.

Voltar para São Paulo era muito triste. Cheguei a dizer ao meu pai que preferia que ele fosse zelador num prédio em Santos, assim eu nunca precisaria me despedir do mar.

Meu pai deixou o consultório, sim, mas não para se tornar zelador em Santos. Pelo contrário, foi para assumir uma loja que pertencia aos meus avós e dedicar-se ao comércio. Com isso, melhoramos financeiramente e passamos a morar nos Jardins.

Minha vida mudou nesse novo bairro. Agora tínhamos até telefone, e a comunicação com o mundo já não era tão difícil. Cada um tinha seu quarto, seu mundo pessoal.

3

Na adolescência pude exercer meu lado sociável, conhecer gente. Uma amiga me levou para participar de um grupo de jovens que, nos sábados à tarde, se reunia para discutir a vida e o mundo, uma associação ligada a uma sinagoga reformista. Era muito gostoso fazer e encontrar amigos. Discutíamos a cultura e as tradições de Israel, acampávamos para aprender técnicas de sobrevivência no mato. Toda uma vida mais aberta que eu não conhecia. Tive, nessa época, poucos namorados, e o primeiro se tornou um grande amigo. Hoje maestro, casado com uma linda violonista, mora nos Estados Unidos. Nós nos falamos pouco, mas mesmo por Skype ele conhece minha alma como poucos. Só nos dávamos as mãos, mas permanecemos ligados, com uma carinhosa lembrança daquela época. Depois desse breve namoro, um jovem me tocou profundamente o coração. Ele era alto, forte, olhos azuis, simpático. Começamos a namorar, eu com 15, ele com 18 anos.

Bem, joguei nesse namoro meus sonhos de juventude; ficava fascinada com os projetos dele e acho que, de tão envolvida, deixava de pensar em mim. Estava completamente imersa em um novo mundo. Tivemos um relacionamento forte, às vezes conturbado, com brigas e reconciliações fazendo parte do cenário. E havia o ciúme do meu pai, as preocupações quanto à intensidade da minha dedicação ao namorado.

As repressões, na época, não provinham só da ditadura. Também nas relações amorosas era tudo meio escondido, medroso. E mais: anticoncepcionais, nem pensar.

Em dezembro de 1974, rompemos definitivamente o namoro e eu tentei, mesmo sofrendo muito, retomar minha vida.

Não foi fácil reatar as amizades depois de três anos de um amor tão envolvente, mas fui em frente. Prestei vestibular para Psicologia, mesmo sem muitas condições de pensar se era aquilo mesmo que eu queria.

Iniciei o curso e comecei a participar de um grupo de teatro. Queria ser tanta coisa, queria ter dançado mais, ter sido bailarina ou publicitária, ter trabalhado com crianças, mas de repente tive de parar o tempo e renunciar aos meus sonhos de vida e juventude.

Reencontro

Em março de 1975, me dei conta de que minha menstruação não vinha e de que a desculpa do estresse emocional já não colava. Contei à minha mãe. Corremos a um médico, amigo da família, e lá mesmo fiz o teste de gravidez. Enquanto esperava o resultado, fui ao banheiro e me olhei no espelho sem acreditar que aquilo estava acontecendo comigo. Mas estava. O resultado deu positivo.

Denise Kusminsky

4

Penso que, nos piores momentos, resiste em nós um luzinha de esperança. Ou de ilusão? Não sei. O fato é que, na época, por um momento cheguei a pensar: "Agora posso construir outra família, a minha!" Claro, faltava combinar com meu namorado, ou melhor, meu ex-namorado.

Confesso: me produzi um pouco, escolhi meu melhor vestido, passei um batonzinho nos lábios e fui conversar com ele.

E meu ex-namorado disse, sem mais, não estar preparado para, naquela idade, assumir uma paternidade não desejada. Queria viajar, conhecer o mundo, curtir a vida. Assumir uma mãe e o filho o assustava. Ele era jovem e despreparado para o papel de pai. Não havia outra saída senão abortar.

E lá fomos de clínica em clínica, cada uma mais assustadora que a outra. Os médicos diziam que já era um pouco tarde para isso, que os riscos eram grandes.

Nada disso parecia impressionar nem a ele nem ao seu irmão, que continuavam insistindo no aborto.

Em uma dessas andanças por esse mundo frio, durante a consulta o médico e eu escutamos o coraçãozinho do bebê. Aquele som, aquele simples som, me fez mudar radicalmente de ideia.

Sem a menor culpa pelo que estava acontecendo, a criança tinha o direito de ver a luz do sol. Perguntei ao médico o que ele faria se eu abortasse, e ele respondeu sem rodeios que colocaria o feto num saco de lixo... Simplesmente saí da sala correndo e, já com o apoio da minha mãe, com voz firme disse que não faria aquilo com um ser que estava vivo dentro de mim.

Meu bebê viveria, e eu faria de tudo para que isso acontecesse.

A outra parte achava que eu estava fora de mim e me enviaram a um psiquiatra, que tentou me fazer voltar atrás na decisão. Chegou a alegar que eu, ao optar pela vida da criança, não estava raciocinando normalmente. Também dessa sala saí correndo, sem nem olhar para trás.

Soube que meu ex-namorado tinha ido para a Europa. A família dele não estava me acolhendo.

Agora, lá em casa, éramos três sem saber o que fazer. Eu, firme e angustiada; minha mãe, única filha, cuidando dos pais doentes; meu pai, atônito e depressivo.

Meu filho não tinha pai, os avós maternos estavam numa fase péssima da vida, mas numa coisa todos concordávamos: a criança viveria, custe o que custasse.

Uma primeira luz surgiu não no fim do túnel, mas na nossa rua. Lá vivia um médico muito competente, dr. Sylvio M., a quem consultamos. Ele ouviu com atenção. Reconhecendo que meus pais estavam numa situação delicada, que sozinha, nova e despreparada eu não tinha condições de criar um filho, propôs uma alternativa para que aquela criança pudesse ter uma família de fato: um casal de primos dele, que já adotara um filho, queria adotar outro. Eram pessoas sérias e amorosas, e com elas meu filho teria o melhor lar possível. Dava sua palavra de honra, me convencendo de que seria o melhor para preservarmos a vida que tanto queríamos. Ele também se comprometia a acompanhar meu filho de perto. Achava estranhas essas palavras, mas era a única alternativa que se apresentava.

E mais: numa época em que mães solteiras eram discriminadas, propôs que eu passasse os últimos meses de gestação na casa dos seus pais, num bairro bem distante. No dia do nascimento, ele mesmo me levaria à maternidade.

Não havia outra alternativa.

Meus pais então decidiram contar a todos que eu viajara para um intercâmbio nos Estados Unidos, e eu e meu bebê partimos para o exílio. Travei minha vida no auge da juventude.

5

Em meu novo lar, fui recebida pelos pais do doutor, um casal de idosos bem afetuosos. Subi as escadas até meu novo quarto e olhei em volta: era uma nova realidade muito estranha para mim. Resolvi enfrentá-la. Desci e me despedi dos meus pais.

E assim começou, para mim, outra vida. Lembro que, durante o banho, comecei as sessões de massagem no bebê. Ficava um bom tempo passando sabonete na barriga, deixando a água escorrer devagarinho. Aos poucos, ele começou a responder com os primeiros chutes.

E, curioso, agora eu me sentia triste, mas não sozinha: tinha ele, ou ela, comigo.

Meus pais vinham sempre me visitar, traziam meus bolos preferidos. Uma amiga, que por coincidência namorava um rapaz da família do meu ex-namorado e era a única a saber, também me visitou algumas vezes. Nossa amizade dura até hoje.

Mesmo assim, eu me sentia sequestrada do mundo. Aos domingos, a senhora fazia macarrão caseiro. Eu muitas vezes trabalhava a massa misturada com farinha molhada com minhas lágrimas.

Quatro meses se passaram, e meus dias eram todos iguais. Às vezes, quando acordava, eu me sentia também uma idosa, sem sonhos para concretizar. Isso quando eu dormia, porque o bebê quase sempre queria brincar na minha barriga bem de madrugada – mas era nossa melhor hora, ele me chutava quando o sol nem havia nascido ainda.

Eu dizia: "Você não tem relógio aí dentro? Isso é hora de brincar?" Era um bebê bem animado, e minha barriga fazia ondas de um lado para o outro, subindo e descendo.

A companhia do casal idoso era simpática, mas eu normalmente me retirava para meu quarto, me distraía desenhando o Snoopy e o Charlie Brown, ficava horas acariciando minha barriga para dar ao bebê todo o amor do mundo – enquanto pudesse. Acreditava que, assim, ele haveria de nascer fortalecido por todo esse afeto, e que isso seria uma fonte de segurança vida afora. Fazia isso o dia inteiro, tentava explicar-lhe minha vida, como se todo esse amor intenso provisório pudesse compensar o que eu não poderia oferecer depois.

Reencontro

E escrevia letras e frases sem fim... Pensava: "Um dia ainda estas linhas desenharão um livro..." Confesso que no fundo não me dava por vencida, crente que o pai da criança viesse um dia me procurar. Chegava a olhar pela janela, muitas vezes, esperançosa. Mas nenhuma atenção, nenhuma ligação, nem para saber como estávamos passando – nem ele nem sua família, que, na época do namoro, me tratava como uma princesa.

Estudava para não me esquecer do mundo do qual eu havia me alienado, mesmo sem saber que profissão abraçar. Terminei decidindo por Pedagogia como forma de não perder, com as crianças, o vínculo que estava prestes a perder com meu filho – assim estaria sempre cercada de crianças e poderia, quem sabe, entendê-las melhor.

Os dias se passavam e minha barriga estava cada vez maior. Os chutes do bebê estavam cada vez mais intensos. Minha barriga despontava para o sol quando o dia amanhecia.

E eu cada vez mais podia abraçá-la como se fosse uma bola de carinho, que não queria que nunca saísse de mim. Às vezes eu nem queria levantar, para congelar aquele momento para sempre. Pela vida afora, eu haveria de sentir muita saudade daquele breve e profundo vínculo.

Enquanto isso, lá fora, meus pais continuavam tristes e angustiados, poupando meu irmão ao máximo e sem falar com ninguém sobre o que se passava. Mesmo com o médico, fizemos um pacto de silêncio que, a princípio, deveria durar para o resto da vida.

A intenção dos meus pais era a de que eu pudesse refazer minha vida e encontrar um homem que de fato fosse meu companheiro, sem saber dessa marca que na época era tão desprezada.

6

No começo de setembro, o dr. Sylvio veio me buscar para o parto. Havia chegado a hora. Pedi ao médico que não avisasse meus pais, queria poupá-los daquele momento difícil. Preferia enfrentá-lo sozinha, abraçada à minha barriga.

O caminho para o hospital me pareceu interminável. Eu olhava pela janela as ruas que havia meses não via, os carros passando, as pessoas, a vida, as luzes da cidade. E ainda esperava, confesso, que o pai do meu bebê aparecesse no último momento, como nas novelas, como nos filmes de final feliz.

Sonhando com isso, entrei na sala de parto, onde o médico me disse que, no meu caso, a cesárea era o mais indicado. Que, assim, eu não participaria e não veria a criança. Em um parto normal, a separação seria bem mais difícil.

Aplicaram-me uma dose bem forte de anestesia para que eu nada visse ou ouvisse. Como contei no início, não adiantou: nas profundezas da minha alma ouvi um choro de criança – para sempre.

Voltando ao quarto sozinha, passei a noite tremendo de frio, medo e tristeza, com a pressão muito baixa, sem energia sequer para me levantar. Uma força me impelia a procurar minha barriga, os movimentos do bebê, inutilmente.

As enfermeiras vieram me acudir, a tremedeira e as lágrimas custaram a passar, até que finalmente adormeci.

Quando acordei, meu pai estava ao meu lado, muito triste; minha mãe preparava as roupas para levar para a família da criança. Meu pai chegou a ver o bebê, mas as roupas não foram recebidas.

Fui levada de volta para a casa dos meus anfitriões, para me recuperar e tentar voltar à vida. Lá, uma cama hospitalar me esperava, já que eu acabara de passar por uma cirurgia – cuja marca, entre outras, nunca mais se apagaria..

Agora, porém, sozinha sem meu bebê, eu só pensava em voltar para casa, para meu quarto, meus livros, meus amigos, e assim tentar driblar a solidão e a tristeza. Restava-me apenas rezar todas as noites por aquela criança, pedir a Deus que a protegesse, iluminasse seu caminho, nosso caminho.

Reencontro

Em duas semanas retornei à vida familiar. Vizinhos e amigos pensavam que eu estava voltando de uma viagem, e de fato não deixou de ser uma viagem – da qual eu voltava vazia, sem alegrias nem presentes.

Meu ex-namorado não procurou saber como eu estava, nem a família dele deu sinal de vida. Soube por uma amiga que ele ficou chateado por não ter sido avisado de que a criança havia nascido. Em troca, respondi com um pedido muito simples: que desaparecesse.

Era hora de romper com o passado e olhar para a frente, refazer a vida, sentir de novo o sangue pulsando no corpo.

Aos poucos, fui substituindo a vontade de chorar pela de simplesmente rezar por meu filho, ou filha – nem isso eu sabia. Nunca parei de rezar, e a oração seria o fiozinho de ternura que nos uniria para sempre.

Em casa não se falou mais do assunto. Não havia o que dizer, tamanha era a tristeza de todos nós.

Denise Kusminsky

7

O tempo foi passando, mas todos os dias, da hora em que acordava até quando sonhava, a lembrança me acompanhava. Queria muito saber como estava meu/minha bebê.

Claro que não resisti: às vezes, telefonava para o médico que fez o parto. Em cada ligação, revelações que me enchiam de alegria e dor: alegria por saber que a criança estava bem e a família que a adotara, muito feliz com ela. Dor por não poder vê-la, cuidar dela.

Na última ligação, soube que era um menino.

Daí para a frente não pude ligar mais, senti que seria interferir, atrapalhar. Só continuei rezando muito pelo meu – menino! Era doído não poder participar da vida dele.

Voltei a estudar, fui aprovada em Pedagogia na Universidade de São Paulo. Ao menos pelos livros eu poderia, de certa forma, acompanhar o desenvolvimento de uma criança.

Comecei a sair muito com uma amiga que, por sua vez, tinha um grande amigo, Gilson. Minha amiga foi para Israel e percebi que Gilson estava cada vez mais interessado em mim. Começamos a namorar e ele me pediu em casamento. Depois de tantos conflitos e rejeições, fiquei muito feliz ao me sentir amada, amparada. Lembro quando fomos juntos comprar um par de alianças no centro da cidade. Eu não acreditava que alguém queria se casar comigo. Ganhei um estojo branco com as alianças de ouro, atravessamos a rua de mãos dadas e pensei: "Agora que vou casar de vestido branco, terei um marido, será que conseguirei ser mãe novamente e de verdade?"

Mesmo assim, minhas noites continuavam difíceis. Acordava com aquele choro ouvido no dia do parto. Ficava sentada na cama, olhando em volta, procurando no escuro. Dormia angustiada, até recomeçar outro dia.

Fui lecionar numa escola infantil e, envolvida com aquelas crianças, me imaginava acompanhando o desenvolvimento do meu filho: ele andando, dizendo as primeiras palavras, rabiscando as primeiras letras.

Assim, aprendi a lidar com dois mundos: o interior, no qual mantinha longas conversas comigo mesma; e o exterior, em que tentava tocar a vida.

E assim é até hoje: vivo cada dia, construindo, trabalhando, dançando, lambendo minhas crias, mas sempre com essa dor dentro de mim, que, acredito, me acompanhará até a eternidade.

Casei com Gilson, uma pessoa forte, atenta, carinhosa, extremamente compreensiva com minhas dificuldades emocionais, com meus segredos, os choros de madrugada. Ele ficava preocupado, sem saber o que acontecia. Eu não conseguia contar o meu drama: meu marido não tinha a mínima culpa e seria apenas mais um a sofrer.

Deixei meu sobrenome de solteira junto com o de casada. Assim, se alguém quisesse me procurar, poderia me encontrar. Seria uma boa pista.

Mas também não suportava não dar uma explicação e um caminho para a minha dor. Resolvi então procurar um psicanalista para uma terapia bem freudiana, daquelas de remexer em todos os baús. O psiquiatra era a cara de Freud. Barbas longas, olhar profundo, quase não falava, mas me fazia ouvir minha voz e a mim mesma.

Denise Kusminsky

8

Apesar de todas as dificuldades, engravidei outra vez e me senti muito feliz com a perspectiva de ser mãe de fato, plenamente. Um sonho havia sido realizado! Foi, contudo, uma gravidez bastante conturbada: quase abortei e achei que não conseguiria mais ser mãe. Mudei de médico e encontrei no dr. Salomão um segundo pai. Contei tudo que acontecera e me senti bastante aliviada. Com seu apoio e tratamento, as coisas foram melhorando. Mesmo precisando ficar vários meses de cama, tive uma linda menina, Mariana, um nome parecido com o da esposa do dr. Salomão, para homenageá-lo. Realizei-me como mãe com a chegada de Mariana. Foi uma vitória perceber que eu era capaz de formar uma família!

Agora, tinha duas crianças pelas quais rezar todas as noites: Mariana e meu filho, cujo nome eu desconhecia.

Mariana nasceu em meu último ano de Pedagogia, quando todas as teorias sobre educação estavam fresquinhas na minha cabeça. Contudo, ela nem precisava de tanta pedagogia: feliz por natureza, era moleca, adorava jogar bola, brincar com os meninos. Enfrentava-os como se fosse um deles. Eu raramente a repreendia, achava que ela seria feliz fazendo tudo que queria, até que mais tarde precisei aprender a ser mais firme, pois essa sua felicidade estava se tornando uma liberdade sem limites...

Rapidamente Mariana se tornou uma criança bem comunicativa e muito querida. Começamos a frequentar a praia do Guarujá (SP), e foi uma delícia vê-la dar os primeiros passos, correr pela areia. Às vezes, enquanto ela brincava na praia, de maria-chiquinha, uma verdadeira boneca, eu ficava olhando os meninos, me perguntando como seria meu filho, se teria, como eu, cabelos claros, olhos azuis...

Um ano e nove meses depois, Marcela, a Lelinha, veio iluminar ainda mais nossa vida. Também muito alegre, estava sempre dançando com seus cabelos encaracolados, suas pintinhas no rosto. Quando ela nasceu, virou-se para meu rosto e me deu um beijo. Nosso primeiro beijo, selo de uma grande amizade entre nós. Até hoje.

Agora eram três crianças pelas quais rezar todas as noites.

Reencontro

Na praia, eram duas a me deixar agitada, correndo pra lá e pra cá atrás delas, para não se perderem. Ainda enfrentava algumas noites difíceis, ainda ouvia aquele choro ao longe. Nessas madrugadas, meu marido, meu sensível e generoso marido, me trazia as crianças para mamar, já limpinhas, trocadas por ele mesmo. Eu muitas vezes não tinha forças para levantar, por causa das noites maldormidas ouvindo o choro do bebê que estava impregnado em mim.

O fato é que, mesmo trabalhando e cuidando das meninas, não conseguia parar de pensar no meu filho. Foi crescendo em mim a ideia de reavê-lo. Reuni minhas economias e fui consultar advogados. Todos foram unânimes em me desencorajar. Que direito eu tinha de surgir de repente na vida daquela criança? Seria justo arrancá-lo da família que o acolheu? O que ele pensaria?

Foi quando resolvi contar tudo ao meu marido. Se alguém neste mundo merecia a verdade, toda a verdade, era ele. Comecei perguntando se ele não gostaria de adotar um menino... E depois, uma noite, crianças na cama, me armei de coragem, olhei bem nos olhos dele e contei tudo sobre o filho que eu nem conhecia.

Gilson ficou atônito, sem palavras, e assim permaneceu por muitos dias e meses. Foi uma fase difícil, ele em silêncio se perguntando coisas, e eu, com o coração na mão, respeitando seus justos questionamentos.

E Gilson viveu diferentes fases. Primeiro a negação – "Isso não aconteceu" –, depois a crítica – "Você não devia ter feito isso" –, e por fim a compreensão e a aceitação.

E então começamos a conversar. De certa forma casamos de novo; naquele momento doído, nossa união recomeçou de forma limpa e sincera. Por mais que doesse, eu me sentia aliviada. Agora eu tinha alguém não só para suportar as consequências, mas para compartilhar integralmente meu segredo e minha dor. Agora ele sabia por que eu às vezes acordava chorando e por quem tanto rezava em silêncio.

Deixei de frequentar meu "Freud", pois conseguia olhar para dentro de mim. Agora era enfrentar o que estava por vir – mais uma prova de fogo.

9

Agora que meu marido sabia de tudo, pedi a ele ajuda para reaver meu filho, e até ensaiamos alguns passos nessa direção. Tivemos de desistir da ideia diante dos conselhos de advogados, que afirmavam que o melhor a fazer era deixar a criança em paz com a família que, ao que tudo indicava, tão bem o acolhera. Como, de repente, uma criança já com 5 anos de idade vai receber numa boa a mãe que nunca viu? Se a disputa acabasse nos tribunais, como encarar depois meu filho e seus pais adotivos? Essa atitude deixaria marcas em todos.

Infelizmente renunciei ao meu desejo de reavê-lo por acreditar que isso poderia interferir na harmonia que tinha com sua família e também para preservá-lo. Achei que não era mais possível voltar atrás e arranhar sua felicidade. Assim, abri mão de brigar nos tribunais para que meu filho não sofresse diante de tantas revelações ainda em sua tenra infância nem tivesse de abdicar de sua família, que o acolheu com amor. Foi essa a maneira que escolhi de amá-lo, a distância, para que ele pudesse ter uma vida tranquila e feliz, na medida do possível.

Mas, apesar de minha renúncia, não houve um dia que não pensasse nele. A minha conexão com meu filho seria para sempre.

E, enfim, houve a conclusão, profética, do meu marido: "Não se preocupe, um dia seu filho vai procurar você".

Aparentemente me conformei, mas a verdade é que, por dentro, eu continuava procurando-o pelas ruas, praças, *shoppings* e praias. Procurando e rezando.

E assim fomos, meu marido e eu, tocando a vida. Unidos até no trabalho. Quando ele, economista, foi atuar como representante na área têxtil, deixei o magistério e fomos trabalhar juntos – um novo mundo para mim, que só conhecia o caminho da casa para a escola e da escola para casa. Mas fui à luta. Munida de um guia da cidade, lá ia eu o dia inteiro de fábrica em fábrica oferecer tecidos, etiquetas, tudo relacionado a moda – exercendo, aliás, a mesma profissão do meu avô paterno quando chegou ao Brasil.

Até que acabei gostando de trabalhar com moda e fui fazer pós-graduação em Marketing e Publicidade na Escola Superior de Propaganda e Marketing, um sonho antigo, já com as filhas crescidas e uma turma de novos amigos. Depois da aula, todos iam beber cerveja, e eu, meu suco de laranja. Nessas horas voltava minha porção de juventude... interrompida por tudo que aconteceu.

Um dia, já instalados em um apartamento maior, sentimos a necessidade de ter um menino, apesar de toda nossa felicidade com as meninas. Eu achava que precisava repor o que havia perdido – mas nenhum filho é substituível.

Dessa vez, não foi fácil engravidar, até uma dieta especial passei a fazer. Quando, enfim, engravidei, minha filha Mariana, muito ligada em mim, em sua vidência infantil um dia olhou bem para minha barriga e decretou: "Mãe, aí tem dois".

Fomos juntas ao médico e de fato havíamos sido premiados com dois coraçõezinhos batendo. Meu marido ficou entre chocado e encantado, se agarrando às paredes para não cair; eu, muito feliz com algo tão inesperado em uma vida já repleta de emoções. Mas foi outra gravidez difícil, de uma placenta só. No final, uma criança se alimentava da nutrição da outra, dificultando a vida uterina. Fiquei sete meses em repouso, e foi preciso tomar uma providência. Agora, a cada noite, eu tinha cinco crianças pelas quais rezar.

Um parto de emergência foi feito e nasceram duas meninas lindas: Isabela, com 1,760 kg; e Carolina, com apenas 835 gramas. Carolina cabia na mão do pai. Conforme sugeriram as enfermeiras, roupas para ela só as da Barbie. Eu só conseguia pensar que ela pesava menos de um quilo. Eu nunca tinha visto aquilo.

Foi uma grande e inesperada batalha. Isabela ficou 15 dias na UTI; Carolina, dois meses. No hospital, vi muitas crianças que não sobreviveram a essas condições. Cada vez que chegávamos à UTI não sabíamos o que esperar. Mas Carolina, a lutadora, corajosa e sobrevivente, chegou em casa na virada de 1989 para 1990, para fazer companhia à já doce e terna Isabela, nossa companheira. Demos uma festa em comemoração a essa bênção, entre mamadas, fraldas, peru e champanhe.

Foi, na minha vida, mais um milagre a agradecer. Aliás, dois! É um privilégio ter gêmeas. Por essa oportunidade maravilhosa, levei com muita paz essa nova relação, e nossa casa parecia um jardim de infância, cheio de meninas lindas, falando juntas o tempo todo sem parar. São as flores do meu jardim.

10

Não foi fácil, mas deu para sobreviver com quatro filhas e trabalhando com representações têxteis. As mais velhas ajudavam com as mais novas, e tive uma empregada que foi um grande apoio. Nessa época, sempre aparecia um braço direito, às vezes um esquerdo, de alguns bons amigos para ajudar. As gêmeas foram se integrando à nossa vida. Dormiam no mesmo berço, separado por uma grade, mas frequentemente davam um jeito de dormir encostadinhas uma na outra. Cúmplices desde as primeiras semanas, pareciam se entender só pelo olhar.

Quando elas já estavam com 3 anos, meu pai faleceu e, com uma parte do dinheiro da herança, ficamos sócios de uma empresa de estamparia que, bem, não deu certo. Não conseguimos nem reaver o dinheiro investido. Tempos de crises financeiras, batalhas diárias, contas que não esperavam o vencimento. Clientes, relacionamentos empresariais,

Denise Kusminsky

vendas, cancelamentos, defeitos nos produtos... uma luta sem fim esse mercado de confecção! Só quem vive é que sabe...

E o tempo foi passando.

Fui trabalhar como voluntária em uma entidade assistencial, a Unibes, que hoje cuida de 1.500 famílias carentes. Ela existe há 95 anos e foi criada para dar assistência aos judeus que emigravam para o Brasil. Depois, dirigiu seu foco para famílias carentes, em gratidão ao país que tão bem os acolheu. Trabalhei primeiro com marketing e depois no serviço social, junto das famílias. É uma experiência muito gratificante ajudar de recém-nascidos até idosos terminais. E ajudar em todos os sentidos, da alimentação ao vestuário, da orientação profissional à vida familiar.

Penso que aquele duro contato com o sofrimento alheio só me deu coragem e uma melhor compreensão da vida. Perceber a dor do outro nos ajuda a levar as nossas de forma mais consciente e agradecida. Penso que o trabalho beneficente, além de ajudar os outros, ajuda a nós mesmos.

Minhas filhas concluíram seus cursos e começaram a trabalhar. Mariana construiu uma interessante carreira profissional na área de marketing. Hoje é uma das proprietárias de uma confeitaria, uma fábrica de delícias. Casou-se com Fernando, que se tornou um grande amigo da família. Eles nos deram dois lindos netos, e ela é uma mãe maravilhosa e dedicada. Minha vida mudou após o nascimento deles. Tive a felicidade de levar meu neto para sua primeira mamada no seio de sua mãe. Foi fantástico esse momento.

Fiz tudo que estava ao meu alcance, dentro dos meus dias atribulados, para que sobrasse mais tempo para acompanhar o desenvolvimento das crianças e vê-las crescer.

Marcela, sempre esforçada, tem o dom da palavra. Tornou-se uma boa e convincente advogada. Antes de se casar, ela e Daniel viveram um tempo conosco. Minha experiência negativa na juventude fez que eu acolhesse minhas filhas com os namorados em casa, em um clima no qual não houvesse situações a esconder, para que assim eu pudesse prepará-las melhor para a vida. Marcela e Dani são parecidos, de bem com a vida, ambos altos, claros, de olhos azuis e cabelos encaracolados num tom castanho para o ruivo. Já imagino como serão seus filhos.

As gêmeas foram crescendo, se tornando quase adultas. Isabela é afetuosa e tranquila desde pequena, olhar sonhador. Sensível, perceptiva, tudo a ver com sua escolha profissional: arquitetura. É

45

muito ligada à família, sempre tentando entender e ajudar a todos. Carolina, quando pequena, tomava injeções de hormônios para crescer, pois nasceu bem abaixo dos padrões de altura. Foi uma lutadora, forte. Hoje, é administradora financeira, e é muito determinada.

A amizade entre as quatro irmãs era magnética, elas se amavam só de se olhar.

E meu filho, que eu só acompanhava pelas orações? Onde ele estaria naquele momento, o que estaria fazendo?

Eu não conseguia esquecê-lo. Um dia, infantilmente, com um nome falso, fui ao consultório do médico que fez o parto, na tentativa de obter alguma informação. Na hora, porém, não tive coragem de pegar o elevador e perguntar. Percebi que aquilo, longe de me acalmar, exacerbaria meu sofrimento. Como entrar de repente na vida que ele já havia formado com sua família? Tinha vontade de pelo menos chegar perto, mas seria muito difícil me manter a distância. Isso destruiria sua harmonia familiar, e eu não tinha esse direito.

Melhor continuar encontrando-o em minhas orações, sem ver seu rosto, mas chegando por outros meios à sua alma, fazendo que as ondas de fé entrassem em seu coração, rezando para que fosse

Reencontro

feliz com sua família. Eu nem sabia se ele já tinha noção da sua verdade.

Entre a vida em casa e o trabalho – de representante de artigos de moda e como voluntária – incluindo as aulas de dança, minha vida corria enfim razoavelmente harmônica. A maior dificuldade era viver situações que lembrassem alguma forma de separação. Cada vez que, por exemplo, deixava uma filha num simples acampamento, voltava chorando. Não conseguia nunca me desapegar, me despedir. Quando elas subiam no ônibus e iam embora, meu coração de fato se partia. Eu não lidava bem com a ausência, com a separação.

Até que um dia, no final de outubro de 2009...

Denise Kusminsky

11

Em fins de outubro de 2009, recebi uma estranha ligação na entidade em que trabalho como voluntária. A secretária Odete, da diretoria, me passou o recado: um jornalista queria falar comigo. Seu nome era Sylvio M., o mesmo nome do médico que fizera o parto de meu filho! Mas jornalista? Logo pensei o pior: descobriram nosso segredo e vão publicar alguma matéria. Passei vários dias tentando me recompor do susto. Outra vez o mesmo recado. O jornalista era insistente. Pedi ao meu marido que me ajudasse a esclarecer as coisas. Ele procurou o dr. Sylvio e perguntou quem estava querendo falar comigo.

Uma simples frase pode, em poucas palavras, desfazer ou refazer uma vida. Dr. Sylvio respondeu: "Quem está procurando sua mulher é o filho dela, que tem o mesmo nome que eu". Ele era seu padrinho, e em sua homenagem foi dado seu nome a meu filho. Hoje também o considero meu padrinho, meu conselheiro e amigo, e por meio dele consegui fazer que meu filho vivesse.

Gilson se adiantou e, emocionado, telefonou para meu filho de dentro do carro, dirigindo. Conversaram e, de tanto que tremia, Gilson até colidiu de leve com outro veículo.

Depois foi a minha vez de telefonar. Não sei dizer o que senti ao ouvir pela primeira vez a voz dele, 34 anos depois. Muita emoção, uma voz rouca de homem feito... Onde estava a voz do meu bebê?

Trocamos endereços, e-mails, e combinamos de nos encontrar dois dias depois. Ele morava no Guarujá, onde eu tantas vezes ficava, de coração na mão, observando os meninos brincando na praia. Por coincidência tínhamos casa na mesma esquina. Ironia do destino...

Agora minha cabeça fervilhava de sonhos, medos e hipóteses. Aqueles dois dias foram uma eternidade.

Eu olhava minhas filhas, meu neto, e pensava: "Agora terei de compartilhar com todos o que se passou, agora minha vida vai mudar completamente. E por que não?" Nós bem que merecíamos viver com a verdade e desfrutar dela. Aquilo me traria alívio, pois o segredo que eu carregava era bem pesado.

Pesquisei no Google e descobri quem era meu filho. Ali estava ele, enfim, ao vivo e em cores. Eu não podia acreditar que aquele rapaz forte era o mesmo bebê daquele dia, que não vi mas ouvi. Passei madrugadas analisando cada pedacinho de seu rosto. Vi que tinha algo de mim – os olhos, o formato do rosto –, era mesmo meu filho, sem dúvida... Quanta emoção!

Essa internet... Muito útil para aproximar as pessoas: foi assim que ele me descobriu, uma bênção do mundo tecnológico.

Em silêncio, eu abraçava minhas filhas em busca de energia para aquela situação nova. Sem elas ou mesmo eu sabermos como seria meu próximo passo. Apertava a mão de meu neto tão querido para conseguir atrair forças dele para mim. Ele me acariciava os cabelos, como se dissesse: "Fique bem, estou a seu lado lhe dando carinho..." Sempre fomos tão ligados... Na verdade, ele foi o menino que consegui ver crescer. E, com grande alegria, eu corria para participar de seu crescimento, para trocarmos nossos abraços, nos quais nos passávamos muito amor, e contar histórias e lendas sem fim.

Até que ele chegou, o grande momento.

Denise Kusminsky

12

O grande momento teve um cenário bem paulistano – uma pizzaria perto de casa. Na verdade, o lugar pouco importava, mas aquele instante ficaria para sempre na minha memória. Sempre que passo por aquela esquina me lembro daquele dia.

Logo o reconheci sentado na varanda, a minha cara... e corri para abraçá-lo. Ele então me apresentou sua noiva, Bia. Eu já tinha uma nora! Ela já vinha pronta! Nunca imaginei isso na vida!

Sua primeira frase para mim e meu marido foi: "Mas como vocês são novos!"

Sentamos os quatro e, enquanto Gilson e Bia já conversavam animados, ele e eu só nos olhávamos meio sem jeito, às vezes surpresos, às vezes curiosos, pelo canto dos olhos. Nem lembro direito o que disse, se é que consegui falar alguma coisa. Certos momentos são simplesmente maiores do que toda e qualquer palavra. Sem dúvida, posso afirmar que a vida é feita dessas ocasiões.

Gilson e Bia foram pessoas fundamentais para aquele momento e para os que se seguiram. Por sua generosidade e apoio, conseguimos nos entrosar e desenvolver nosso relacionamento.

Bia falava sobre os cachorros de que tanto gostava e Gilson, aliviado pela chegada do meu filho, dava risada sozinho. Como ele foi profético imaginando que meu filho me procuraria algum dia!

Só me lembro do Sylvio falando que passou grande parte da vida no Guarujá, perto de nosso apartamento e de onde as meninas viviam brincando na praia. Fomos vizinhos.

Eu ainda o via como um menino. Quis colocar minhas mãos sobre as dele e as dele já eram tão grandes... eram tão maiores. Eu imaginava que encontraria um garoto e não me conformava com aquela diferença entre idades.

No fim, ele contou que estavam de partida para um trabalho no Havaí. Pior: deveriam ficar cerca de seis meses por lá. Mal chegava em minha vida e já estava de partida outra vez. Na despedida, tentei um pedido de desculpas, mas ele parecia entender o que se passara.

Um abraço mais forte e fomos cada um para sua casa. Eu caminhando nas nuvens. Sem chão!

13

De volta à Terra, muitos e delicados desafios pela frente. Como contar às meninas o que estava se passando? Como explicar aquele filho e tantos anos longe dele? Justo eu, tão presente na vida delas? Mariana estava outra vez grávida e sua ginecologista achou mais prudente que eu contasse somente depois do nascimento do bebê. Proteger o nascimento de minha neta era primordial, assim como tentar poupar minha filha daquela grande emoção, pelo menos naquele instante. Tranquilidade era do que ela mais precisava para passar bem pela gestação, já que a anterior havia sido bem conturbada.

Mais algumas vezes encontrei meu filho, sempre de uma forma que ninguém nos visse. Crescia em mim, porém, a vontade de assumi-lo meu perante todos, perante a vida.

Um dia, sem mais, convenci meu marido a irmos visitar Sylvio no Havaí. Era longe, era caro, mas uma força estranha me puxava para lá.

Antes, decidi contar a Marcela. Foi difícil, confuso, no início ela perguntou se Gilson era mesmo seu pai, tamanha a confusão. Passamos a madrugada conversando e chorando. No fim, ela entendeu e me apoiou. Ela e Sylvio se falaram por telefone, os novos irmãos. Marcela sugeriu não contar às gêmeas naquele momento em que eu me ausentaria. Pediu que deixasse para a volta, e ela cuidaria delas durante a viagem.

Chegamos ao Havaí e fomos encontrá-lo em seu escritório a céu aberto. Ele ficou meio surpreso, mas começamos a nos relacionar e logo nos tornamos amigos.

Na noite de ano-novo, fomos a uma praia celebrar e de repente, entre comemorações e fogos de artifício, ele me agradeceu por ter ido visitá-lo. Nesse momento, começou a se sentir mal, muito mal, chegando a rolar no chão de tanta dor.

Conseguimos levá-lo até o hospital, e ele foi operado de apendicite em caráter de emergência. Enquanto sua noiva e meu marido foram providenciar alguns documentos, me vi sozinha com ele antes da operação. Acompanhei-o na maca até o centro cirúrgico, me sentindo mãe como nunca, e aguardei, rezando, até que ele voltasse.

Naquele momento entendi por que aquela força estranha me levara ao Havaí. Eu me sentia com Deus ao meu lado, me fazendo passar por isso para me dar a oportunidade de ser mãe. Era minha chance de vida, não sua cirurgia, mas estar lá naquele momento. Certas coisas são inexplicáveis.

Cuidei dele o melhor que pude. Fazia sopas pedindo receitas ao telefone para o meu amigo Gabriel, que é um *chef* legítimo. Senti que aquele nosso início de ano-novo era como um reinício de vida.

Logo ele estava de volta à sua rotina, já recuperado, renascido. Nós nos despedimos emocionados e, curiosamente, cheguei ao Brasil com uma grande hemorragia. Minha ginecologista teve trabalho para estancá-la. Era como se fosse um pós-parto.

Quem vai entender o que se passa em nossa alma e como ela, às vezes, rege nosso corpo?

Denise Kusminsky

14

Recuperada, voltei a trabalhar e decidi procurar uma psicóloga especializada em família. Precisávamos de orientação sobre como conduzir a história entre tantas pessoas.

Meu marido sempre me apoiou e me convenceu de que nosso reencontro era uma história bonita e de que eu devia lutar por ela, até o fim.

Também Sylvio, lá de longe, me transmitia forças para seguir em frente. Por telefone, e-mail, Skype, Nextel, viva toda essa tecnologia que nessas horas nos une!

Aliás, na primeira sessão, eu disse à psicóloga que meu filho era sadio e forte, mas que eu sentia muito não ter podido amamentá-lo. Ela respondeu que eu o estava amamentando muito bem por e--mail, Skype, Nextel...

Às vezes, quando ele já estava satisfeito de me ouvir, dizia que ia desligar porque por ora já estava bem amamentado...

Aos poucos, fomos contando à família. Para as gêmeas, a revelação se deu em um restaurante japonês, em que mais choramos que comemos.

Isabela disse que finalmente estava decifrada aquela ponta de tristeza que sempre percebera em meu olhar. Já Carolina, antes mesmo que eu terminasse de contar, queria saber onde estava o irmão.

Foi uma emoção enorme, e um choque que levaria tempo para ser absorvido. Amigos do peito ajudavam as gêmeas a entender o que estava acontecendo. Levavam-nas para passear e ouviam seus questionamentos, dando um grande apoio.

Felipe, namorado de Carol, vinha de Goiânia para dar uma força à minha pequena.

Muitos amigos e familiares também perderam o sono ao ouvir uma história que não imaginavam ter se passado comigo. O desgaste de contar e recontar às vezes era tanto que Sylvio chegou a sugerir que montássemos uma fita com a história toda. Na verdade, era um preço a pagar para que pudéssemos assumir uma vida de mãe e filho.

Um dia tive de contar à minha mãe, que misturou sua alegria com tristes e inevitáveis más lembranças. No início, ela ficou apreensiva quanto à ameaça de um equilíbrio que já permeava nossa existência. E de fato essa história alterou nossa vida, mas as mudanças podem ser para melhor.

Hoje, minha mãe é mulher dinâmica, empresária e grande voluntária, e está feliz com nossa união, apesar de todos os entraves que existem. E como existem! Mariana teve então seu segundo bebê, Luiza. Uma boneca de cabelos escuros e olhos brilhantes, espertíssima, parecia ter vindo ao mundo para presentear e trazer muita alegria. Enquanto Nana amamentava Luiza no hospital, eu continuava fazendo quase o mesmo com Sylvio pelo Skype...

Quando minha neta completou um mês, decidimos contar a Mariana e Fernando. Eles ficaram felizes com a revelação, me abraçaram muito e falaram com Sylvio pelo telefone. Mariana disse que eu devia ter falado antes. Como poderia tê-las criado com uma história oculta, sem saber como se chamava e quem era seu irmão? Só geraria mais angústia, já não bastava a minha? Fernando disse: "Agora você precisa escrever um livro e deixar sua história".

A rede dos irmãos ia sendo tecida. E nós, com os outros avós, nos unindo para que eles crescessem bem.

Mariana foi nomeada vice-mãe. Era na casa dela que, sem minha presença, as irmãs se reuniam para discutir e assimilar os últimos acontecimentos e revelações. Ligavam às vezes para integrar meu marido nessas conversas. Ele que, nesse tempo todo, foi tudo que se espera do homem decente, paciente e generoso que todos conhecíamos. As meninas se apoiavam uma na outra. E o Gilson fazia o meio de campo entre todos.

Sylvio voltou ao Brasil na véspera do Dia das Mães, de surpresa. Foi comemorar com a mãe dele e depois, à noite, veio me ver. Nós nos encontramos em um *shopping* – ele, meu filho, vindo ao meu encontro no corredor, sorrindo. A imagem do meu filho adulto vindo a meu encontro me fez perguntar em silêncio se aquilo era um filme ou se estava acontecendo mesmo.

Combinamos um encontro dos irmãos. E foi em casa, pela primeira vez na vida, que me reuni com meus cinco filhos – enfim juntos. Eu me beliscava olhando a todos, me perguntando se aquele momento era de sonho ou de realidade.

Irmãos se conhecendo e se curtindo nessa idade é, para mim, coisa de novela. A verdade, contudo, era a de que, desde a gravidez, tivemos um fiozinho que nos ligava um ao outro. Eu via agora que esse fio se tornara um elo e um novo tecido familiar se formava. Mais gente passou a fazer parte dele.

Conheci a família da minha nora, acolhedora e afetiva.

Foi muito emocionante a noite em que, pela primeira vez em 34 anos, eu e meu filho dormimos sob o mesmo teto pela primeira vez, na acolhedora casa de sua sogra. Antes de adormecer, rezei muito agradecendo aquele momento.

O que para todo mundo seria normal para mim era único. Estávamos andando de trás para a frente. Felizmente, alguém muito sábio já disse que, embora ninguém possa voltar atrás e fazer um novo começo, qualquer um pode começar do agora e construir um novo fim.

Denise Kusminsky

15

Seguiu-se um período ao mesmo tempo emocionante e desgastante, dedicado a contar a mais pessoas o que estava se passando. De modo geral, todos aceitaram muito bem e foram muitas as manifestações de apoio e carinho. Da minha parte, procurei trazer a luz; quanto às pessoas que não me estenderam a mão, penso que optaram por ficar na escuridão. Amizade, solidariedade e generosidade – é em momentos assim que a gente as reconhece. Mas foi muito desgastante. Emagreci, nesse período, 15 quilos, pois não tinha nem forças para comer. Estava sem apetite, tentando me adaptar a uma nova vida para que as pessoas à minha volta não se machucassem.

Ao mesmo tempo, minhas tarefas continuavam as mesmas: trabalhar, cuidar das filhas, dos netos e do marido, estar com os amigos, dedicar-me à Unibes e viajar ao Guarujá para dar atenção também ao meu filho, que agora fazia parte real da minha vida. Ônibus, metrô, carro, multas, mas chegando e voltando. E nem sempre ele estava lá, pois viaja a maior parte do tempo. Eu procurava me dividir em mil, mas estava feliz com essa minha nova forma de levar a vida.

Do meu filho ganhei apelidos como "*mommy new generation*" ou "mãe-polvo", com muitos braços. E assim ele vai mudando, mas raramente me chama de mãe – ele só chama assim a quem o criou. Eu gostaria muito de ouvir, confesso. Mas não temos tudo que queremos na vida. Na primeira vez em que ele me perguntou como eu gostaria de ser chamada, respondi: "Me chama de qualquer coisa".

Certo dia ele me mandou um e-mail expondo uma precisa e bem-humorada conta, refletindo sobre nossa vida e o tempo que perdemos em minutos, segundos, dias e meses.

Ele sabe que, afetivamente, tem agora seu lugar entre nós e um quarto em nossa casa para quando vier a São Paulo.

Minhas filhas ajudaram na decoração. Um quarto de adulto, sem os ursinhos azuis que um dia sonhei. Se bem que ele já me contou que desde pequeno adorava os filmes do Snoopy e Charlie Brown, justo os personagens que eu desenhava para ele durante a gravidez.

Reencontro

E eu, aos poucos, vou aprendendo a ser mãe de um homem determinado e forte que não quer que a mãe o agasalhe na frente dos amigos nem leve lanchinho. É ele que vem e me dá um beijo. Nisso é parecido com minhas filhas gêmeas. Elas também gostam que a mãe esteja presente, mas discretamente, sem alardes. Não sou tão discreta, mas procuro melhorar. Mãe de menino é muito diferente de mãe de menina.

Um detalhe cheio de significados: um dia, massageando as mãos do meu filho, fiquei surpresa com o formato delas. Não são tão maiores do que as minhas, mas muito mais fortes.

Pensei: "Um dia, não tive essas mãozinhas comigo para levá-lo a conhecer o mundo". Sim, o tempo passa por tudo, mas especialmente pelas nossas mãos. Entendi que hoje posso apertar aquelas mãos, dar toda força possível, mas não mais guiá-las pela vida, pois ele é bem independente.

Denise Kusminsky

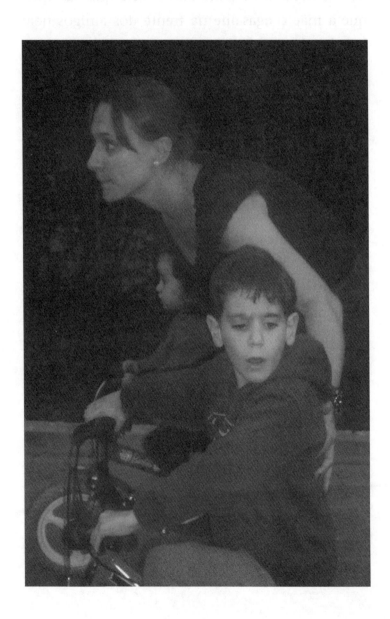

16

Minhas filhas continuaram me apoiando, cada uma a seu jeito. Mariana, lúcida e firme, sempre me indicando o caminho mais reto. Marcela pensando no casamento e já sentindo a minha falta. Carol preocupada com o namorado, que mora em outro estado. Isabela dizendo que suas irmãs cumpriram o papel de mães com ela. E eu fazendo o possível para continuar presente na vida de todas.

Elas ajudam muito, preocupam-se com minha saúde nessa correria toda. O carinho e a solidariedade delas foram muito importantes para me fortalecer nessa missão de fé.

Meu marido foi meu grande amigo também nessa hora. Apoiava-me em tudo e ficava feliz com cada progresso. Isso é, entre nós, uma questão de pele, de vibrar juntos com cada momento bom e também absorver a mínima dor. Às vezes, me pego dizendo que ele tem cinco filhos, tal a maneira como acolheu Sylvio. Ele me ensinou que amar é ver o outro feliz. Muitas vezes ele abdicou da minha companhia para que eu pudesse ver meu filho e ainda segurou as pontas em casa.

Aconteceu então um encontro muito bonito e delicado com a mãe que criou Sylvio. Fui de ônibus até o Guarujá, levando comigo 34 rosas, uma para cada ano da sua vida, e todas juntas, uma prova de agradecimento por tudo que ela fizera por ele.

Ela foi franca ao extremo. Disse que, na época, eu devia ter lutado contra tudo e contra todos e assumido a criança. Respondi que ela tinha razão – foi muito alto o preço que paguei por isso – e que ela seria a mãe de Sylvio para sempre.

Depois, de coração partido, vi as fotos dele quando pequeno, desde bebê até uns 4 anos. Eu me agarrava àquelas imagens como quem precisa de ar para viver.

Percebi naquele momento tudo que eu perdera, as diferentes fases do seu crescimento e de sua compreensão da vida.

Entrei no ônibus aos soluços. Todos me ligaram, tentando me dar apoio naquele caminho solitário, da serra interminável entre as cidades. Era necessário, contudo, passar por ele para chegar ao meu destino interior e voltar a me reencontrar comigo mesma.

Na verdade, não foi só o encontro com a mãe de Sylvio que me fez ficar triste. Foi aquele pedaço da vida dele que eu havia perdido para sempre.

No Natal, voltei a visitá-la. Encontrei-a mais solta e acessível; as barreiras, se tinha havido alguma, já não pareciam existir.

Fiquei sabendo mais dela e da sua vida, que também não foi fácil. Ela está agora com 75 anos e, além de Sylvio, criou mais um filho adotivo, seu sobrinho.

Só há poucos anos Sylvio soube que fora adotado. Ele adorava o pai, sr. Romano, já falecido. Vítima precoce de uma doença degenerativa, o pai desde sempre apoiou o filho. Aos 9 anos, Sylvio ganhou sua primeira prancha, aos 14 foi morar no Guarujá e aos 17 já viajava pelo mundo, com o incentivo de seu pai. Eles foram muito felizes como pai e filho. E grandes amigos.

Voltei a encontrar sua mãe no dia do seu aniversário. Curioso que, no restaurante, escolhi justo a mesma mesa em que Sylvio sentava com ela naqueles anos todos. Conversamos muito.

Dessa vez, voltei agradecendo a Deus por ter um filho de ótima cabeça, criado por gente boa, feliz com a vida que leva. E, agora, com duas mães rezando por ele. Aliás, três. Há também uma mãe americana que o acolheu quando ele foi para o Havaí aos 17 anos. Mas de fato são quatro, pois ainda há a mãe natureza, presente no dia a dia, com nossos assessores, os anjos da guarda.

Lembrei-me também do quanto ele era agitado na minha barriga. "Esse aí", pensei no ônibus, "parecia surfar no líquido amniótico..."

Se eu pudesse recolocá-lo dentro da minha barriga e começar tudo de novo... Mas o tempo não volta, então vamos para a frente!

17

Quando tudo parece dar errado, acontecem coisas maravilhosas que jamais seriam possíveis se tudo tivesse dado certo. Esse lado imprevisível das coisas é que faz que a vida não seja sempre uma estrada certinha, mas um mar de possibilidades.

Julgar os outros é fácil, já dizia um filósofo: "Fácil é ser pedra, difícil é ser vidraça".

Viver, às vezes, é tão sem método, tão sem fórmula, tão sem palavras de dicionário, sem manual de instruções que temos de ir em frente, tateando no escuro, sem ver com clareza, guiados apenas pelas razões do coração.

No meu caso, sei que foi pelo coração, pela oração e pela fé que nunca perdi o fio que me ligava ao meu filho todos esses anos em que estivemos tão distantes na vida – e, sem saber, tão próximos.

Hoje sou mãe judia de um filho cristão. Na primeira vez em que fui a uma igreja com ele, minha nora colocou a mão dele sobre a minha. Essa iniciativa foi uma das melhores que eu poderia ter recebido. Queria que aquele nosso momento ficasse congelado para o resto da vida, e fico feliz ao ver que ele é também um homem de fé.

Suas angústias já vêm à tona, em plena franqueza, em nosso relacionamento. Muitas vezes ouço o que quero e o que não quero. Ele já virou filho, como diz meu marido. É um homem casado, tem outra vida, outra mãe; eu tenho minha família adorada que tanto me ampara. O mais importante é que cada um sabe que já ocupa um lugar no coração do outro.

Assim vamos tocando a vida, eu me dividindo, sem saber se estou fazendo o certo ou o errado – pois na verdade não sei qual é a melhor forma – e tentando aparar as naturais arestas que surgem. E como surgem!

"A verdade vos libertará", dizem as Escrituras. O fato de ser libertado para uma nova vida não significa, porém, que, daí para a frente, tudo vá transcorrer entre brancas nuvens ou num mar de rosas. Entre erros e acertos, sei que vamos descobrir os melhores caminhos para que a história do nosso reencontro seja, para sempre e em suas diferentes fases, uma história bonita.

Afinal, se ela aconteceu, é porque de alguma forma fomos todos merecedores dela.

Epílogo

Como nem tudo são rosas na vida, hoje meu filho me questiona sobre o que muitas pessoas podem vir a pensar depois de ler estas páginas. Escrever um livro com final feliz? Então se "dá" uma criança e tudo parece ser normal, tudo acaba bem? Agora respondo a você, meu filho: não, não está tudo bem. E poucos conseguem compreender a dor que sente alguém que tenha tomado essa atitude. Ela demanda enorme força para sobreviver. Não há remédio que suavize meu sofrimento nem manual de instruções que me aponte o caminho a trilhar, mesmo depois de ter conhecido você.

A cicatriz é tão grande e frágil que sangra ao mínimo toque. Apesar de eu ter feito o que pude para preservá-lo, restaram feridas bem doídas.

Recentemente li *Message from unknown Chinese mothers*, obra que aborda as sequelas na vida das mães chinesas que eram obrigadas a doar suas filhas numa época em que na China só aceitavam filhos do sexo masculino. Diante desses relatos formou-se a Mothers Bridge of Love, ONG que apoia essas mulheres, cujo sofrimento é atroz. Sinto-me como elas.

Você sabe, meu filho, o saldo disso tudo? Eu respondo: rezei a vida toda por você sem saber quem você era, sem conhecer as feições do seu rosto. Perdi seu crescimento, não vi você abrindo os olhos ao nascer. Só ouvi seu choro forte, que me acompanhou a vida inteira. Se eu fechar os olhos, consigo ouvi-lo ainda hoje. É como viver no escuro, onde em vão se busca alguém, chama-se por ele em alto volume, mas ninguém responde... Conhecer você foi um milagre, mas infelizmente... Não deu tudo certo, nem poderia ter dado...

Qual foi sua primeira palavra? Como era o som da sua voz? Esse som eu nunca, nem em sonhos, ouvirei. Acabou. O tempo passou e não admite volta.

Como eram suas mãozinhas? Você engatinhou antes de começar a andar?

Hoje não preciso vestir você nem amarrar seus sapatos. Você dirige seu carro e não permite que eu o leve a lugar nenhum, tem medo de mim na direção.

Queria ter levado você na porta da escola em seu primeiro dia de aula e conhecer sua primeira professora. Ter beijado sua testa desejando boa sorte.

Deixamos de viajar juntos, não ensinei você a andar de bicicleta, deveria ter lhe dado broncas e imposto limites, levado você a festinhas, conhecido sua primeira namorada.

Não temos fotos do passado juntos. Raras são as de agora, e me agarro nelas para não as perder nunca mais.

Nas noites de frio, não cobri seus pezinhos que escapavam do cobertor.

Não cantei para embalar seu sono e fazê-lo dormir. Hoje, quando canto, você tampa as orelhas.

Todo dia 7 de setembro era uma tortura, pois eu não podia comemorar seu aniversário com ninguém. Passava o dia inteiro pensando: "Será que ele já apagou as velinhas?"

Não joguei seus dentes de leite em cima do telhado para dar sorte.

Queria ter segurado você no colo, como faço com meus netos, e dado muitos rodopios, bailando ao som de risadas que nunca ouvirei.

E, quando quis reverter essa situação e reaver você, optei por deixá-lo na paz familiar, respeitando você e os que o acolheram.

Uma vida inteira se passou e nos reencontramos.

O amor venceu, apesar de nossas diferenças, e espero que consigamos superar todos os obstáculos que existirem. Quantas dificuldades já enfrentamos juntos...

Temos o direito de ser felizes e de conviver como mãe e filho para sempre, ainda que de forma torta, diferente.

Deus foi bom por ter nos dado esse presente. Vamos aproveitá-lo e pedir àqueles que nos cercam que nos entendam e nos ajudem nessa caminhada.

O que passou e tudo que perdi não voltam mais. Esse tempo que voa tão rápido e sem dó jamais recuperaremos. Nosso aliado é o amor, no qual o perdão pode existir, um abraço pode ser compartilhado e a emoção pode fluir.

Não podemos parar as ondas, mas podemos surfar sobre elas sem nos afogar. Teremos muito pela frente, se Deus quiser e se lutarmos para isso. Depende também de nós.

Escrevi este livro para que minhas palavras não voem com o vento, para que permaneçam em seu coração, nas pessoas que amamos, mostrando meus sentimentos e meu olhar sobre nossa vida.

É um testemunho do nosso encontro inicial, do nosso desencontro brusco e do divino reencontro dos quais fomos protagonistas.

Reencontro

Mesmo separados, você conseguiu achar seu caminho de volta e me reencontrou. Portanto, a você dedico este livro e todas as minhas palavras. Perdão e que Deus o abençoe sempre.

Se meu sorriso mostrasse o fundo da minha alma, muita gente, ao me ver sorrir, choraria comigo.

KURT COBAIN

Novo final feliz

Quando este livro for editado, por coincidência do destino, meu neto estará nascendo.

O filho do meu filho é um presente da vida, a certeza de que a esperança se renovará.

Se Deus quiser, eu o verei crescer, o que não consegui com seu pai.

Que ele seja abençoado!

Espero que ele traga alegrias para todos nós.

Por meio dele talvez eu possa trazer um alento para a minha história, dando a nós todos um merecido final feliz.

Abraços de agradecimento:

A Gilson, um grande homem em todos os sentidos. A Cacá, Lela, Nana, Sylvio, Zazá. Ao Dudu, Luiza e aos muitos netos que estão por vir. A Bia, Buffon, Dani, Fê. Ao dr. Sylvio M., que viabilizou a preservação da vida.

Aos integrantes do projeto "Chega de Saudade", a dança como terapia.

A Odete Calantone Monteiro, a secretária da Unibes que fez a ligação entre mim e meu filho.

A todos os grandes amigos e primas que estenderam a mão não só a mim como à minha família, muito obrigada por esse gesto de fé e amizade.

Às mães coragem e seus filhos lindos cujas fotos aparecem ao longo do livro: Lino, Lina e Yan; Bel, Gui e André a caminho; Maria Claudia e Luiz Guilherme; Augusto, Evelyn e Lourenzo; Guga, Joyce e Pedro; Siléia e Rubão; Ale e Alessandra; Biazinha e Gui; Lulu, Nana e Dudu.

E aos meus pais, que me deram a vida para que eu pudesse vivenciar todas essas emoções.

Agradeço ainda àqueles que me incentivaram na construção desta obra: Allan Fonseca, Caio Blinder, Cândida Morales Boemeke, Carlos Moraes, Fernanda Leite, Luiz Gorenstein, Maria Helena Daniel, Raquel Ignoto, Raul Wasserman, Rosane Aubin, Salete Del Guerra, Samuel Seibel, Sergio Berezovsky, Sergio Serber e Soraia Bini Cury.

leia também

CÉU DA BOCA
Lembranças de refeições da infância
Edith Elek (org.) Ruth Rocha, Ignácio de Loyola Brandão, Moacyr Scliar, Renata Braune, István Wessel, entre outros

Nesta obra, 18 pessoas de diferentes áreas profissionais escrevem sobre a lembrança que lhes ocorreu quando convidados a rememorar refeições e sabores da infância e adolescência. Textos de puro prazer que remetem o leitor de volta às suas próprias raízes e vivências, num exercício sensorial de memória.
REF. 20023   ISBN 85-7183-023-1

O FEMININO E O SAGRADO
Mulheres na jornada do herói
Beatriz Del Picchia e Cristina Balieiro

De que forma se entrelaçam o feminino, a mitologia e as manifestações do sagrado na vida cotidiana? Partindo desse questionamento, as autoras entrevistaram 15 mulheres, cujas histórias compõem a obra. Tomando como base as etapas da jornada do herói, modelo mitológico descrito por Joseph Campbell, elas revelam histórias fortes de mulheres que tiveram a coragem de buscar o sagrado, pagando às vezes um alto preço por isso.
REF. 20071   ISBN 978-85-7183-071-4

EM BUSCA DE DEUS
Uma visão pessoal do judaísmo
Pedro Luiz Mangabeira Albernaz

Livro que tem o grande mérito de transmitir cultura com simplicidade e emoção. O autor narra sua busca pessoal no terreno da religiosidade. A beleza da obra está na justa medida, no equilíbrio. Ela explica o desenvolvimento das religiões sem pedantismo e fala de situações familiares delicadas sem ser piegas. Leitura recomendada a qualquer pessoa que se interessa por religião e espiritualidade.
REF. 20897   ISBN 85-7183-897-6

VIVER, MORRER E O DEPOIS...
Ilana Skitnevsky

A autora deste livro, por meio da meditação, atinge um plano espiritual no qual participa de encontros de um grupo com seu Mestre. De forma clara e isenta de dogmas religiosos ou filosóficos, ele responde às perguntas que lhe são feitas sobre temas como vida, morte, amor, sexualidade, velhice e evolução. A obra transcreve essas perguntas e respostas, que ainda esclarecem e desmistificam a morte e a vida após a morte.
REF. 20100   ISBN 978-85-7183-100-1